AF250664

CONSIDÉRATIONS GÉNÉRALES

SUR

L'AVENIR

DE LA COMMUNE ET DU CANTON

PAR

M. D'ESTAINTOT,

MEMBRE DE LA COMMISSION DES PRISONS
ET DE LA SOCIÉTÉ LIBRE D'ÉMULATION DE ROUEN, MAIRE DE FULTÔT.

« L'ignorance est la pire des pauvretés. »

PARIS

GUILLAUMIN ET Cie, LIBRAIRES,

ÉDITEURS DU JOURNAL DES ÉCONOMISTES.

1848

— Extrait des *Annales de la Charité*, livraison du 30 novembre 1848. —

CONSIDÉRATIONS GÉNÉRALES

SUR

L'AVENIR

DE LA COMMUNE ET DU CANTON

PAR

M. D'ESTAINTOT,

MEMBRE DE LA COMMISSION DES PRISONS
ET DE LA SOCIÉTÉ LIBRE D'ÉMULATION DE ROUEN, MAIRE DE FULTÔT.

« ... l'ignorance est la pire des pauvretés. »

PARIS

GUILLAUMIN ET Cⁱᵉ, LIBRAIRES,

ÉDITEURS DU JOURNAL DES ÉCONOMISTES.

1848

PARIS. — IMPRIMÉ PAR PLON FRÈRES, 36, RUE DE VAUGIRARD.

« Citoyens, il y a au fond de nos campagnes des
» souffrances véritables qui n'ont jamais attiré l'at-
» tention du législateur. La République ne s'y est
» encore manifestée que par l'impôt des 45 cen-
» times : cet impôt est le seul bienfait qu'elles
» aient encore reçu de la République!... »

*(Paroles de M. BADAUD-LARIBIÈRE à l'Assemblée
nationale, 12 août 1848.)*

Au contact des difficultés de la situation où se trouve placée la France, nous venons proposer quelques idées de réforme. Que le peuple sache bien qu'il n'est pas trahi, que nous ne sommes pas moins impatients que lui de voir sa condition meilleure; mais il faut progresser sans arbitraire et sans violence, et nous réunir dans un même sentiment pour obtenir un bien-être durable. Reposons-nous surtout sur le noble langage que vient de tenir, à la face du pays, M. DUFAURE, parlant à l'Assemblée nationale (1) : « Qui
» pourrait, de nos jours, contester, mettre en doute l'éga-
» lité de tous les citoyens devant la société dont ils sont les
» membres, comme devant Dieu qui les a formés, tout en
» respectant les inégalités nécessaires et si souvent doulou-
» reuses que le travail, l'intelligence, les vices et les vertus

(1) 16 octobre 1848.

» établissent entre eux ! — Est-il pour l'administration une
» tâche plus glorieuse que de s'enquérir de toutes les souf-
» frances sociales, et de faire du soulagement de ces mi-
» sères, par le travail et par l'assistance, le premier soin
» de l'État, le but incessant de ses efforts et de sa solli-
» citude ! »

Que notre espérance ne soit pas illusoire.... Ayons foi
en l'avenir !

CONSIDÉRATIONS GÉNÉRALES

SUR

L'AVENIR DE LA COMMUNE ET DU CANTON.

Nous ne venons point proposer des innovations administratives, nous laissons à d'autres ce soin ; mais nous voudrions faire participer les habitants des campagnes aux améliorations dont profitent ceux des villes. Les économistes ont souvent regretté de voir nos populations émigrer dans les grands centres industriels, où elles trouvent la démoralisation en échange du bien-être qu'elles y venaient chercher. En effet, dès que la stagnation des affaires ralentit l'essor du commerce, l'ouvrier, qui s'est corrompu au contact des grandes villes, après avoir dissipé le fruit de son labeur dans les jouissances matérielles, se trouve dans l'impuissance de conjurer la misère. Sans la charité toujours si ingénieuse à la soulager, que serions-nous devenus ? Jusqu'à présent nous ne nous étions pas spécialement attachés à rechercher les besoins moraux et intellectuels de la classe ouvrière, les connaissances dont elle était privée ; mais le triste tableau s'en découvre à nos yeux ; nous voyons des enfants étrangers aux premiers rudiments de la lecture et de l'écriture, des jeunes filles destinées à être mères de famille, qui ne savent même pas tenir une aiguille (1). Il serait désirable sans doute que les écoles fussent fréquentées par notre jeune population, mais il faut en rendre l'accès possible aux enfants indigents. A peine élevés, nous les voyons, pour vivre et mettre à profit les heures de la journée,

(1) Les écoles supplémentaires ouvertes à Rouen par suite de la cessation du travail dans les fabriques révèlent malheureusement les faits que j'avance.

rôder dans les rues des bourgs et des villes pour émouvoir la sensibilité du passant, ou aller recueillir dans les fermes quelques bribes de pain. S'ils ont six ans, on les pose devant un rouet pour faire des trames; et aussitôt que leurs membres ont acquis une force juvénile, le métier les reçoit.

Comment stimuler le père de famille à envoyer à l'école la petite créature qu'il ne peut nourrir sur son salaire ? C'est seulement à l'époque de la première communion qu'il se soumet aux plus dures privations, afin que ses enfants profitent des seules instructions morales qu'ils soient appelés à entendre.

La société doit se préoccuper sérieusement d'une génération ainsi asservie, sans éducation suivie, se trouvant au début de la vie aux prises avec tous les vices du vagabondage (1).

A aucune époque de notre histoire, on n'a vu l'enfant réduit à se faire maraudeur pour être le gagne-pain de ses parents. Que dis-je?... eux-mêmes, à des moments donnés, ne deviennent-ils pas à leur tour les obligés d'une commune ?

Nous ne voulons pas plus de ces mendiants qui, autrefois, assiégeaient la porte des monastères, que de ceux qui, aujourd'hui, assiégent nos mairies ou nos bureaux de bienfaisance.

(1) Un seul enfant dans la République ne doit pas manquer de l'instruction élémentaire et professionnelle. Ne pourrait-on pas donner à la législation de 1833 un système plus libéral, déclarer, comme en Prusse, l'école obligatoire et offrir la gratuité aux familles dont on aurait reconnu l'impossibilité d'en payer la rétribution ?

L'énormité du fardeau que l'État aurait à supporter pourrait être divisé : la commune, la bienfaisance lui viendraient en aide certainement, car il s'agit d'enfants qui formeront dans peu d'années le peuple. « Il » n'est pas de plus grand péril pour la société que ces masses perdues » d'ignorance et de brutalité qui frémissent à sa base! Quel plus grand » intérêt que de les préparer, en cultivant son enfance, au respect de la » loi, à l'accomplissement du devoir et au bon usage de la liberté! » (*Essai sur les relations du travail et du capital*, par Dupont-Withe.)

Qu'on ne vienne pas alléguer l'inconduite, la paresse du peuple : nous sommes témoin et nous nous portons garant de sa persistance au travail pendant le jour et aux heures avancées de la nuit. La famille qui se compose de deux enfants seulement, faisant abstraction des temps de chômage, des maladies, qui trop souvent sont la triste conséquence des privations qu'elle s'impose, ne peut par son salaire suffire aux premiers besoins de son existence (1).

Que de courage il faut à ces malheureux pour ne jamais laisser échapper de leurs poitrines un soupir de découragement ! Travailleurs assidus, il ne leur reste même pas l'espérance d'assurer par l'épargne des jours moins pénibles à leur vieillesse. « En général et principalement en France, a » dit M. Passy, les salaires suffiraient s'ils étaient employés » avec réserve et sagacité pour créer une sorte de bien-être, » mais l'usage en est mal entendu. Les dépenses se font au » jour le jour, sans soin, sans prévoyance du lendemain. » Puis on s'écrie : Quelle aisance assurerait, par exemple, l'accumulation des journées que dépense l'ivrognerie ?

Les pages que cet économiste a écrites ne nous concernent pas. Gérando, dans son ouvrage de la *Bienfaisance publique ;* Villermé, dans celui de la *Condition physique et mo-*

---

(1) Que gagnent par mois le tisserand et sa femme ? 39 francs. Et leur dépense se compose de :

Logement.	4 fr.	» c.
Chauffage.	1	50
Pain, à raison de 26 centimes le kilogramme.	19	53
Légumes, beurre, sel.	2	»
Éclairage.	2	10
Blanchissage	2	30
Façon de trame et parement.	3	75
Perte de temps pour aller chercher et porter les chaînes, les monter sur le métier, indispositions accidentelles.	1	50
Faux frais.	1	»
Entretien de ménage, achat de vêtements	3	»
Total.	40 fr.	68 c.

rale des ouvriers, ont eu soin de retrancher de leurs sta-
tistiques les tisserands et les simples journaliers. Le moment est venu de s'inquiéter de leur sort, car leur nombre
est grand, et leurs misères ne sont pas les moins pro-
fondes (1).

Les secours publics et à domicile ont soulevé des thèses
sur lesquelles le gouvernement n'a pas su se prononcer.
Tout est à refaire sur ce point et c'est à lui qu'en appartient
l'initiative. L'agriculture moins négligée eût pu, par de sages

(1) Le 22 juillet 1848, le président de l'Académie des sciences morales et politiques, sur l'invitation que lui en a faite le général Cavaignac,
a confié à M. Blanqui une mission dans les villes de Lyon, Rouen, Lille,
avec ce programme :

« M. Blanqui est chargé de rechercher et d'exposer l'état moral et éco-
nomique des populations ouvrières dans les villes de . . . . Il examinera :

» 1° Quelle est l'éducation physique et morale des enfants des ouvriers ;

» 2° Quelle est sur les mœurs et le bien-être des ouvriers l'influence
de la vie de famille, de l'esprit religieux et des lectures auxquelles ils se
livrent habituellement ;

» 3° Quel est l'effet des diverses professions sur la santé et le caractère
des populations ouvrières ;

» 4° Quelles sont les causes économiques auxquelles on doit attribuer
le malaise de ces populations, et si ces causes sont différentes pour les
populations manufacturières et pour les populations agricoles ;

» 5° Quelles sont les industries les plus exposées au chômage et les
causes habituelles de ces chômages ;

» 6° Si l'association entre ouvriers est un moyen d'améliorer leur sort,
et s'il existe des exemples qu'on pourrait utilement imiter ;

» 7° Quels progrès sont survenus depuis vingt-cinq ans dans les conditions des ouvriers, et quelles ont été les causes de ces progrès. »

Nous applaudissons assurément à ces explorations, mais nous nous
demandons pourquoi toujours les ouvriers des villes sans jamais y comprendre ceux des campagnes ? L'Académie aurait un travail instructif à
faire sur l'état physique et moral de nos populations agricoles. Que ne se
trouvait-il un de ses délégués, l'année dernière (1847), dans chacun de
nos cantons ? Il eût pu, se plaçant à un jour donné de la semaine chez un
propriétaire aisé ou un curé, rechercher et s'enquérir à l'aise des causes
qui forçaient 3,000 personnes à quitter le foyer domestique pour solliciter
la charité publique.

encouragements, retenir des bras qui seraient sa plus grande
richesse. Les efforts de la République doivent tendre main-
tenant à rappeler aux travaux agricoles les hommes supé-
rieurs qui s'en étaient éloignés , et les malheureux qu'en
avaient distraits les espérances trompeuses qu'off ait l'industrie. Pour favoriser l'agriculture il faut abattre toutes les
entraves bien connues qui s'opposent à son développement.
Alors on verra renaître ce premier des arts délaissé, qui
nourrit les peuples et fournit les matières premières , sans
lesquelles il n'y aurait aucune industrie.

Si les hommes éclairés s'en retirent, c'est qu'on ne peut
rien faire de grand dans la sphère où on les condamne à se
mouvoir ; parce qu'avant de prendre la charrue il faut dire
adieu à toute espérance de richesse, parce que sur deux cents
grandes fortunes il ne s'en trouvera pas en France deux
qui aient été faites dans l'agriculture. Voulez-vous reporter
la vie et le bonheur dans les campagnes ? Dotez les communes et les cantons d'une partie des avantages accordés
aux grandes villes, aux grands centres manufacturiers.
Par quel motif le bienfait des salles d'asile (1), des ouvroirs (2), des crèches dans les bourgs, ne pénétrerait-il pas

(1) On ne saurait assez peser tout l'intérêt qui s'attache aux salles d'asile
et connaître assez parfaitement tout ce qu'on peut tirer de bon et d'utile
de ce premier chaînon d'instruction publique. « Ce n'est plus alors une
» simple réunion de marmots auxquels il s'agit de donner ces soins vul-
» gaires , partage ordinaire des bonnes d'enfants. C'est une première
» éducation plus encore qu'une première instruction qu'il s'agit de donner
» à toute une génération. Ce sont les mauvais principes qu'on détourne
» de ces jeunes intelligences ; c'est une vie morale et religieuse à laquelle
» on les habitue , une vie de travail régulier et de sage discipline : ce
» sont des impressions droites et sûres dont on les pénètre dans un âge
» qui ne perd rien de ce qu'on lui donne. » (JUBÉ DE LA PERRELLE, An-
nuaire de l'Economie politique, 1844.)

(2) Cette nouvelle œuvre est due à M. de Cormenin. Les Entretiens
de Village, par Timon, recèlent d'excellentes idées que les hommes religieux, les amis sincères du peuple devraient répandre à profusion. Les
conseils généraux ont universellement approuvé tous ces essais des hom-

dans nos villages ? Des écoles d'adultes, des écoles publiques (1), des fermes modèles, dans lesquelles on pourrait puiser les connaissances agricoles et industrielles, seront autant d'amorces qui attacheront à la contrée : des bibliothèques communales, des leçons d'instituteurs instruits appelleront l'émulation de commune à commune et une suite de nombreux avantages en ce moment inappréciables. Pourquoi l'intelligence et la moralité n'auraient-elles pas leurs co-

mes de bien qui tendaient à aider la famille dans l'éducation de ses enfants. Notre département, il faut le dire, a fait preuve, pour ces institutions nouvelles, de beaucoup trop d'apathie et d'insouciance ; il ne suffisait pas de consigner dans des procès-verbaux son adhésion, c'était par des encouragements pécuniaires qu'on devait chercher à propager ces petits établissements qui sont tout prêts à entrer dans l'instruction primaire comme complément de l'éducation des filles. Les membres récemment nommés au conseil général, sortis de l'élection populaire, apprécieront mieux les devoirs qu'ils ont à accomplir : ils sauront, par des allocations spéciales, stimuler la bienfaisance dans ses œuvres trop souvent abandonnées à ses généreuses inspirations. En 1845, il y avait déjà plus de cent de ces *ouvroirs* où quinze cents jeunes filles recevaient, d'après le nouveau plan indiqué par son fondateur, des leçons de couture, de propreté, de ménage, appropriées à leur condition... On ne peut trop recommander les *ouvroirs campagnards* à l'attention et au zèle charitable des gens de bien : avec très-peu d'argent, mais avec beaucoup de persévérance, ils rendront un service immense à la classe si intéressante des jeunes filles de la campagne.

(1) Il serait essentiel que l'on publiât un catéchisme raisonné des droits et des devoirs de l'homme en société avec une définition exacte des mots, *liberté, égalité, fraternité*. M. d'Esterno, dans son ouvrage, *De la Misère et de ses Causes*, a eu la pensée d'un petit manuel, qu'il a divisé en trois ou quatre sections, et dans lequel il donne la définition de l'ouvrier, de ses devoirs, de son indépendance.

De nos jours on a beaucoup trop écrit pour surexciter les passions, on doit désormais s'attacher à faire de bons livres instructifs, attrayants, qui empêchent les ouvriers de pécher par ignorance et de faire le mal avec de bonnes intentions ; en éclairant leurs consciences, nous rendrons plus rare la triste nécessité d'employer la force contre eux. La tâche nouvelle que je trace est aride, peu lucrative, mais elle est humaine : à ce titre les hommes de cœur l'accepteront avec dévouement.

mices ? On encourage une savante culture de la terre, la culture de l'homme serait-elle moins précieuse ! Pour les finances et la sécurité les conséquences qni en dériveraient seraient très-profitables au bonheur de la France : l'action des lois diminue en raison du développement des connaissances : mandataire du peuple, le pouvoir doit faire tendre tous ses efforts à le moraliser et à l'instruire (1) ; c'est en le dirigeant bien qu'il se doit montrer digne de sa confiance. Vous parviendrez ainsi à apprendre à l'homme ses droits et ses devoirs, et vous repousserez ses mauvais penchants ; ne l'abrutissant pas par le travail, vous le rendrez docile aux lois qui le protégent. Mettons à profit la généreuse nature, les nobles qualités des gens de la campagne. Là, une honnête aisance se prête volontiers à secourir la misère.

(1) Ce serait bien mal comprendre l'instruction primaire, comme avantage pour les classes ouvrières, comme levier pour la civilisation que de se borner à l'enseignement de la lecture, de l'écriture, du calcul et de quelques autres connaissances élémentaires. L'éducation doit toujours marcher de pair avec l'instruction. Il faut que l'on quitte l'école avec des habitudes moins grossières, des sentiments plus élevés, et avec une intelligence plus développée. Dans les écoles du peuple, il faut aussi que les mains travaillent en même temps que la tête. Les élèves qui les fréquentent sont destinés à créer des objets matériels ; on doit les rendre aptes à ce service ; et l'esprit étant exercé sans préjudice de leur habileté manuelle, la production leur coûtera plus tard moins d'efforts et sera plus féconde et plus régulière. En ce sens il est vrai de dire que l'instruction primaire concourt à diminuer la misère. (M. NAVILLE, *De la Charité légale.*) — « Il est mauvais de détourner les enfants du genre de vie » qu'ils mèneront plus tard. J'aime mieux voir les enfants du peuple, » ajoute M. G. Dupuynode (*Des lois du travail et des classes ouvrières*), » tricoter quelques moments de la journée, comme dans l'école de travail » de Zwolle, que de les trouver constamment à lire et à écrire. L'in- » struction primaire, malgré ses rapides progrès, a encore beaucoup à » réaliser, elle a surtout à améliorer le programme de son enseignement, » afin d'y donner une plus large place à la science morale et d'y faire » participer le travail professionnel. » (Nous avons à Rouen une école qui possède ce double avantage.)

Pauvres et riches sont confondus, vivent et meurent les uns près des autres. « Rien n'est consolant pour l'infortuné, » a dit Silvio Pellico, comme de se voir traiter avec de bien- » veillants égards par ceux qui sont au-dessus de lui : son » cœur se remplit de reconnaissance ; il comprend alors » pourquoi le riche est riche, et il lui pardonne sa prospé- » rité parce qu'il l'en juge digne. »

Dans les grands centres manufacturiers, les fortunes ra- pides et parfois scandaleuses des maîtres rompent les liens qui doivent les attacher aux ouvriers dans les moments dif- ficiles. Et cependant, n'est-ce pas une des causes qui, au détriment des campagnes, ont favorisé les grandes villes ? Car, afin d'apaiser ces masses dangereuses et bruyantes, on leur a fait de nombreux sacrifices (1). C'était injuste! En effet, de ce que les campagnes sont moins à craindre, doit- on pour cela les oublier! Ne sont-ce pas elles qui contri- buent pour la plus grande partie à la richesse de l'État?

Il faut donc décentraliser l'industrie, la transporter dans nos communes et nos cantons, afin que nous ne soyons pas tributaires de fabricants étrangers, indifférents à notre dé- tresse (2). Ne doivent-ils pas compatir à notre malheur, nous qui avons accru leur capital?

(1) Dans nos départements, on n'oubliera jamais ces ateliers natio- naux qui ruinaient la France sans profit ; ces millions, pris sur le budget pour créer dans Paris un travail illusoire. Quel bien on eût pu faire avec ces centaines de millions employés à révolutionner la France, à mettre le pauvre en hostilité contre le riche, si tout d'abord on les eût affectés à un plan sage de réformes sociales!

(2) Nous partons ici d'un point que nous voudrions voir adopter. Les fabricants des villes occupent un grand nombre de bras dans les villages : cela est parfait, autant que dure la prospérité commerciale ; sitôt que les affaires deviennent moins faciles, l'envoi des chaînes diminue, le sa- laire tombe, le temps de chômage approche. Que se passe-t-il? La com- mune ne peut laisser dans la détresse ses tisserands laborieux : elle se cotise, elle s'impose pour les soutenir. Le besoin commande-t-il de sol- liciter de l'ouvrage des maîtres étrangers, ils sont sourds aux prières, leur bourse n'est pas plus secourable, ils se soucient bien des ouvriers

Établissez des écoles d'apprentissage : que nous possédions sur une moins grande échelle, il est vrai, que dans les villes populeuses toutes les ressources qu'elles offrent pour l'instruction et la bienfaisance. Que n'avons-nous des sociétés savantes, succursales des académies ? Au moyen de ces artères scientifiques, nous pourrions débattre nousmêmes nos intérêts : favorisés par le gouvernement, nous finirions par avoir nos expositions qui exciteraient une noble émulation ; et les récompenses que nous décernerions, en même temps qu'elles seraient une fête de localité, exerceraient une salutaire influence sur la population.

Des cours d'hygiène, d'économie agricole et industrielle seraient nécessaires pour inculquer de bons principes, d'utiles habitudes. Les classes pauvres vivent dans des conditions hygiéniques déplorables. Laisser cette branche importante du service public plus longtemps en souffrance dans nos campagnes, ce serait donner contre l'administration de justes sujets de plainte. On devrait créer un *Comité d'hygiène* au chef-lieu de canton, dont la mission serait d'étudier les moyens les plus propres d'améliorer, sous le rapport de la salubrité, les bâtiments que la classe ouvrière habite.

qu'ils ne connaîtront jamais. Si au contraire les chefs d'industrie venaient se fixer dans les cantons, outre que leur cœur serait moins indifférent, on ne serait pas exposé à voir le travail brusquement rompu, parce que le respect humain, dans beaucoup de cas, rendrait très-circonspect sur le choix de ces déterminations extrêmes ; nous n'aurions pas d'ailleurs la douleur de voir des ouvriers, soutenus pendant des temps de crise, embauchés par des fabricants étrangers, qui viennent par des augmentations passagères, détruire chez nos tisserands le lien de la reconnaissance qui doit les unir à celui qui les a aidés dans des jours mauvais. Une fois que les entraves qui s'opposent aux progrès de l'agriculture seront tombées, nous verrons plus de bras occupés aux champs et passer à l'industrie pendant la saison d'hiver et les journées pluvieuses. L'association du travail industriel et du travail agricole pourra peut-être s'effectuer un jour sans que la division des occupations nuise au progrès des arts.

Des caisses d'épargnes, de secours mutuels, fécondées
par les primes du gouvernement, rendraient la prévoyance
familière aux salariés et lui assureraient une vieillesse moins
tourmentée. Dans chaque chef-lieu de canton, on devrait
établir un conseil de prud'hommes. La lutte des intérêts
tend constamment à porter le désordre et la haine dans les
rangs de la société : il faut effacer la suprématie que la
classe bourgeoise a fait peser sur la classe ouvrière, et em-
pêcher la liberté de chacun d'empiéter sur celle de son
voisin (1).

Des éléments aussi solides de moralisation contribueraient
énergiquement à son bonheur et la relèveraient de l'abais-
sement où elle est tombée. Je ne suis pas aveugle... je sais
qu'il faudra vaincre de nombreux obstacles, tant que nous
serons sous le joug d'un pouvoir administratif centralisé
comme est le nôtre.

Chacun comprend le devoir de soigner son vieux père,
mais il lui manque les secours d'un médecin et les médicaments. La République devrait rétribuer un homme de l'art,
des lumières duquel on se passe trop fréquemment, faute
de pouvoir le payer. Attend-on la dernière extrémité, ou il
est trop tard, ou la maladie a fait de si rapides progrès qu'on
prolonge les souffrances ; état affligeant, parce qu'il prive
en outre les familles d'un travail nécessaire et ne les plonge
que trop souvent dans une plus profonde misère, lorsque
des institutions de bienfaisance eussent peut-être pu les en
préserver (2). Il devrait y avoir dans toutes les communes

(1) En établissant une commission mixte composée d'un nombre égal
de maîtres et d'ouvriers, on évitera bien ces contestations irritantes. L'é-
laboration d'un projet de réorganisation démocratique de l'institution des
prud'hommes répond à ma pensée.

(2) J.-B. Say a défini la prévoyance : « Le sacrifice de la tentation du
» moment au bien-être de l'avenir. » L'esprit de prévoyance doit être
chez l'individu, chez l'ouvrier avant que la société ne vienne à son secours ; sa dignité exige qu'il n'en accepte les bienfaits qu'à la dernière

un *Comité de charité,* une petite pharmacie avec du linge, dont la direction serait remise à une sœur ou à la femme de l'instituteur, et dans chaque canton on devrait élever un hôpital (1), où les communes pourraient déposer leurs malades, si les parents ne les pouvaient soigner. Une sœur de charité y serait préposée pour faire les pansements et remettre sur l'ordonnance du médecin communal les médicaments d'une préparation difficile. Ainsi, le chef-lieu de canton deviendrait une petite capitale où l'esprit et le corps trouveraient tous les secours de la science. Il y aurait, une fois l'an, une exposition des produits agricoles et industriels ; dans cette fête cantonale, des primes seraient distribuées : l'ouvrier le plus habile et le plus soigneux, le jardin, la maisonnette les mieux tenus, le ménage qui aurait le plus courageusement résisté à l'adversité, les actes de haute moralité seraient récompensés selon leurs titres ; les insti-

extrémité. L'ouvrier doit être le principal, sinon le seul artisan de son bien-être : dans cette voie, la société peut bien l'aider, l'encourager dans ses efforts, lui garantir même les avantages qui sont le but plus ou moins éloigné des sacrifices qu'il s'impose, mais rien de plus.

(1) Malgré le texte formel de la loi et les ordres réitérés de l'administration supérieure, on refuse dans beaucoup d'hôpitaux de recevoir les malades venus de la campagne, c'est-à-dire les plus nombreux et ceux qui manquent le plus des secours de la science ; malgré l'appui de la loi et la puissance de la raison, on ne peut faire respecter partout les droits du malheur : il y a nécessité de nous prononcer... Nous ne réclamons pas des constructions monumentales, nous les voulons sans luxe et peu coûteuses. Admettez le principe, vous serez étonnés des dons qui vous arriveront.

On s'empressera, selon sa fortune, de s'inscrire : celui-ci pour de l'argent, celui-là pour un terrain, cet autre pour son travail, afin de contribuer à élever un Hôtel-Dieu. Ces millions que nous voyons annuellement remis aux hôpitaux des villes nous reviendraient en grande partie. Si un riche propriétaire du canton meurt, quels legs peut-il nous laisser ? Où sont vos hospices pour la vieillesse ? vos hôpitaux pour les malades ?...

Les exigences du fisc détournent des établissements de charité légalement reconnus les dons qu'on serait tenté de leur faire... Il faudrait les exempter du droit de timbre, de perception...

tuteurs qui auraient donné des preuves d'un zèle éclairé, prendraient part à ces concours cantonaux.

Au chef-lieu du département, on organiserait un concours entre les cantons; et chaque année, ceux qui se seraient imposé le plus de sacrifices, qui auraient le mieux répondu au programme, dans lequel le pouvoir aurait fait connaître à l'avance ses vues, ses projets de réforme seraient distingués par des mentions honorifiques. Il faudrait donc retoucher à tout ce qui existe de bien, harmoniser entre elles les sociétés qui existent et dont la valeur est reconnue par leur durée, les enlever à leur isolement, en créer de nouvelles, si l'urgence s'en faisait sentir, pour suivre avec ensemble la marche du progrès, qui serait non-seulement plus régulière, mais bien plus forte, puisqu'elle aurait pour guide le principe de l'unité.

Un semblable projet ne pourrait-il pas développer le bonheur et l'aisance, et déraciner cette envie dont profitent les fauteurs de discordes, pour mettre aux prises les diverses classes de la société! vous dessillerez ainsi les yeux du peuple et lui apprendrez à distinguer dans quels rangs sont ses sincères amis; qu'il sache une bonne fois que les ambitieux qui briguent le commandement s'apitoient mensongèrement sur ses intérêts pour l'agiter comme un troupeau d'esclaves. Nous devons enfin nous entendre pour chasser l'égoïsme, qui, semblable à la harpie de la fable, salit tout ce qu'il touche; chacun de nous doit travailler sincèrement au bonheur de tous : mon plus vif désir serait d'y contribuer, en appelant des modifications successives qui, sans secousses et au moyen d'un progrès régulier, retireraient la société de l'état de gêne réel où elle est plongée.

D'ESTAINTOT,

Membre de la Commission des prisons et de la Société libre
d'émulation de Rouen, maire de Bultot, etc.